DIESES BUCH

. . . .

DEN DÜMMSTEN / ATTRAKTIVSTEN /
LIEBENSWERTESTEN / HÄSSLICHSTEN /
PRÄCHTIGSTEN / REIZENDSTEN /
BEWUNDERNSWERTESTEN / LANGWEI-
LIGSTEN WASSERMANN DER WELT.

ALLES LIEBE / DIE BESTEN WÜNSCHE /
MIT MEINER GANZEN EMPÖRUNG
DEIN(E) . . . .

P.S. BITTE, BEACHTE DIE SEITE(N) . . . .

1. AUFLAGE

© DROEMERSCHE VERLAGSANSTALT TH. KNAUR NACHF. MÜNCHEN 1985
TITEL DER ORIGINALAUSGABE »THE AQUARIUS BOOK«
COPYRIGHT © IAN HEATH 1983
AUS DEM ENGLISCHEN VON INGEBORG EBEL
UMSCHLAGGESTALTUNG H&M HÖPFNER-THOMA
DRUCK UND BINDUNG MLADINSKA KNJIGA, LJUBLJANA
PRINTED IN YUGOSLAVIA

ISBN 3-426-26176-6

DAS WASSERMANN BUCH

VON IAN HEATH

WASSERMANN

21. JANUAR — 19. FEBRUAR

ER IST DAS ELFTE ZEICHEN DES TIERKREISES

SYMBOL : WASSERMANN
BEHERRSCHENDER PLANET : URANUS
FARBEN : SMARAGDGRÜN U. KÖNIGSBLAU
EDELSTEINE : GRÜNER OPAL U. SMARAGD
ZAHL : VIER
TAG : SAMSTAG
METALL : URAN
BLUME : ENZIAN

.... IST PÜNKTLICH ....

.... IST KOOPERATIV ....

. . . . LÄSST SICH GERN TREIBEN . . .

. . . . IST VERGESSLICH . . . .

ERLEDIGT SEINE AUFGABEN MIT UNTERBRECHUNGEN

..... UND MIT PLÖTZLICHEM EIFER .....

.... BEGREIFT SCHNELL ......

.......HAT GEISTESBLITZE.........

...ENTWICKELT GENIALE FÄHIGKEITEN...

. . . . UND LIEBT DAS GELD.

PILOT

.... LEHRERIN ....

... PACKERIN TIEFGEFRORENER ERBSEN ....

ERFINDER

.... SCHAUSPIELER ....

POLITIKER

.... ODER ASTRONAUT.

Der WASSERMANN zu Hause.................

...LIEBT ARBEITSSPARENDE GERÄTE...

. . . . MAG GOLDFISCHE . . . .

.. SPIELT MANCHMAL DEN EINSIEDLER ..

...... GENIESST DEN LUXUS......

...... IST EIN FERNSEH-FAN ......

..... EIN GUTER UNTERHALTER .....

.... LIEBT DEN FRIEDEN ....

.... BRAUCHT VIEL SCHLAF ....

.... LIEBT KATZEN ....

. . . . UND DIE MUSIK.

Der WASSERMANN liebt ....

. . . . . . EIERSCHAUM-SPEISEN . . . . . .

. . . . GLÜCKSSPIELE . . . .

.... UNGEZWUNGENHEIT ....

.... ENTDECKUNGSREISEN ....

.... UND SCHÄTZT DIE FREIHEIT.

Der WASSERMANN haßt ....

.... FESSELN JEDER ART........

..... KAVIAR MIT POMMES FRITES ....

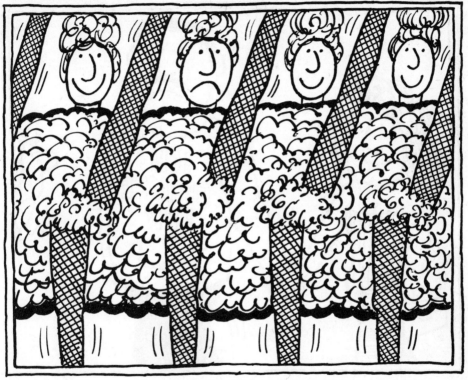

.... GLEICHFÖRMIGKEIT ....

..... BESITZERGREIFENDE PARTNER .....

.... UND PLASTIKBLUMEN.

Der
verliebte
WASSERMANN..

... HAT KEINEN SINN FÜR ROMANTIK ....

.... EXPERIMENTIERT GERN ....

.... MAG REIZWÄSCHE ....

..... VERGISST WICHTIGE DATEN .....

. . . . IST SPONTAN . . . .

. . . . INNERLICH FREI . . . .

. . . . VOLLER VERTRAUEN . . . .

EISKALT

...... UND LIEBT ALLE MENSCHEN.

DER WASSERMANN

UND DIE ANDEREN TIERKREISZEICHEN

HERZENSTREFFER

♥♥♥♥♥ SUPER

♥♥♥♥ TOLL, ABER DOCH NICHT GANZ DAS RICHTIGE

♥♥♥ KÖNNTE GANZ NETT SEIN

♥♥ NICHT DER REDE WERT

♥ NICHTS WIE WEG

ZWILLING WAAGE

SCHÜTZE FISCH WIDDER
STEINBOCK

STIER WASSERMANN

LÖWE SKORPION

KREBS JUNGFRAU

BERÜHMTE WASSERMÄNNER

HEDWIG COURTHS-MAHLER
CHARLES DARWIN: JAMES DEAN
CHARLES DICKENS : CHRISTIAN
DIOR : THOMAS EDISON

FRIEDRICH II., DER GROSSE
CLARK GABLE : ZSA ZSA GABOR
JULIETTE GRECO : THEODOR HEUSS
E.T.A. HOFFMANN : HUGO VON
HOFMANNSTHAL : SHERLOCK HOLMES
NORMAN MAILER : LEE MARVIN
SOMERSET MAUGHAM : JEANNE
MOREAU : WOLFGANG AMADEUS
MOZART : PAUL NEWMAN
RONALD REAGAN : FRANZ SCHUBERT
CARL SPITZWEG : JULES VERNE